PIERRE QUANTIN

RÉPUBLIQUE

OU

ORLÉANISME !

PARIS

LIBRAIRIE POLITIQUE, AGRICOLE ET SCIENTIFIQUE

André SAGNIER, Éditeur

7, CARREFOUR DE L'ODÉON, 7

(Anciennement rue de Fleurus, 9)

—

AOUT 1871

RÉPUBLIQUE

OU

ORLÉANISME!

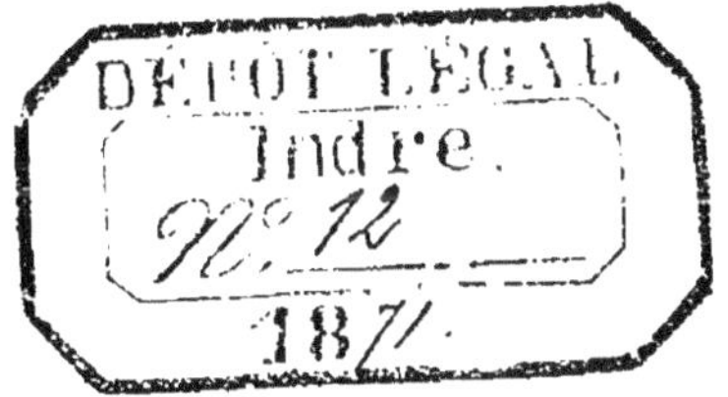

DÉPÔT LÉGAL
Indre.
N° 12
187.

I. 57
Lb 2600

CHATEAUROUX — TYPOGRAPHIE ET STÉRÉOTYPIE A. NURET.

PIERRE QUANTIN

RÉPUBLIQUE

ou

ORLÉANISME!

PARIS

LIBRAIRIE POLITIQUE, AGRICOLE & SCIENTIFIQUE

André **SAGNIER**, Éditeur

7, Carrefour de l'Odéon, 7

(Anciennement rue de Fleurus, 9)

AOUT 1871

RÉPUBLIQUE OU ORLÉANISME

I

Ainsi que l'indique suffisamment ⦁le titre
du travail que nous soumettons au public,
nous posons comme un principe désormais
admis l'exclusion absolue et à jamais définitive du gouvernement impérial, et, par
conséquent, de la famille Bonaparte qui en
est la représentation, pour ne nous occuper
que des deux formes gouvernementales entre
lesquelles seules il est permis d'hésiter aujourd'hui ; nous voulons dire la république
d'une part, et d'autre part le gouvernement
parlementaire, qui ne fut sérieusement inauguré qu'en 1830, et qui, sorti de la révolution
de Juillet, aboutit, après un fonctionnement
laborieux, à la révolution de 1848.

Ce n'est point, nous le savons, que l'Empire
ait renoncé à l'idée d'une restauration ; il y
travaille au contraire avec activité ; ses agents

nous envahissent et se multiplient ; on les rencontre partout, et peut-être ne serait-il point bien difficile de retrouver leurs agissements secrets au milieu des événements qui viennent d'ensanglanter Paris ; le rôle qu'ils ont joué lors des journées de Juin, rend au moins cette supposition vraisemblable.

Mais le moment n'est point encore venu de rechercher les causes de l'insurrection du 18 mars ; les éléments d'information ne sont point connus, et, d'ailleurs, ces jours de deuil sont trop proches pour que l'on puisse en aborder l'examen avec cette raison froide qui est la première condition de l'impartialité.

Donc, le parti bonapartiste ne se tient point pour vaincu, et même après les hontes de Sedan, Duvernois veut ressaisir son portefeuille éphémère, et Ollivier rêve les pompes d'un nouveau plébiscite. Ce qui survit des aventuriers de Décembre grouille et s'agite, et l'on voit des hommes dont le nom maudit sera à jamais associé dans l'histoire de nos désastres et de nos ruines, qu'ils ont préparés et consommés, venir sans pudeur solliciter du suffrage universel une place au sein de la représentation nationale : on sait le résultat de cette tentative. Il ne nous eût point cependant déplu, nous le confessons, de retrouver face à face quelques-uns de ces trop fameux personnages, et nous avons le soupçon qu'à certaines heures leur mandat serait devenu pour eux un bien écrasant fardeau.

L'Empire, à la veille de sombrer, dans le but de se rallier les orléanistes tièdes ou ambitieux et les républicains hésitants, avait affiché la prétention de doter le pays des franchises parlementaires ; c'est même à cette velléité libérale que nous devons le plébiscite et ses amères conséquences. Cependant, malgré cette tentative, que rendait d'ailleurs fort suspecte et les antécédents du gouvernement de Décembre, et les hommes chargés de l'exécution, nous nous refusons à comprendre le gouvernement impérial au nombre de ceux entre lesquels l'incertitude et l'hésitation soient permises. Nous avons en effet la confiance que les événements qui viennent de se passer ont à jamais emporté le gouvernement personnel. Or, quoiqu'il fasse, l'Em-

pire ne saurait être autre chose, et le parlementarisme bâtard qu'il a pompeusement
inauguré le 2 janvier, avec l'homme *au cœur
léger*, en fournit surabondamment la démonstration. L'Empire est le gouvernement de la
force, et il est condamné à porter toujours la
marque indélébile de son origine. La domination absolue et sans contrôle, tel est son
système et sa tradition, et s'il y est infidèle
un jour, les concessions qu'il pourra faire à
la liberté ne seront point sincères, parce
qu'elles ne seront point le résultat d'un
mouvement libre et spontané, mais bien une
concession faite à l'esprit public ; et, de plus,
elles seront complètement illusoires, parce
qu'on saura les environner d'assez d'entraves
pour en neutraliser, ou même en paralyser
l'effet. L'expérience, d'ailleurs, l'a confirmé.

Le grand instrument et la base de la souveraineté du peuple, dont l'Empire s'est toujours proclamé l'esclave, c'est le suffrage
universel ; dès lors tout ce qui porte atteinte
à ce suffrage, tout ce qui en altère ou dénature
le caractère, constitue une attaque directe
contre le principe de la souveraineté. Le

suffrage universel, s'il est environné d'entraves, s'il ne s'exerce que sous certaines conditions, perd toute signification, et le Gouvernement qui impose ces restrictions à la libre
expression des volontés du pays peut conserver la prétention d'être libéral, mais en
réalité il n'est que despotique. Eh bien !
interrogez-vous, et voyez si, après le 2 janvier, l'Empire ne conservait pas, comme
auparavant, de nombreux moyens de peser
sur le suffrage universel, de l'altérer, de le
corrompre et d'obtenir ainsi de lui une Chambre qui ne marchandait point sa soumission.

Le gouvernement despotique a un auxi-
liaire redoutable, dont, malgré toutes les pro-
messes et les engagements contraires, il ne
se séparera jamais : c'est la centralisation,
cette invention de l'ancien régime, si habile-
ment perfectionnée par l'Empire. Or, qui dit
centralisation, dit annihilation et négation
absolue du principe de la souveraineté ; *l'État
c'est moi,* tel est le dernier mot de la centralisation. Aussi, ce système administratif est-il
absolument inconciliable avec la liberté du
suffrage universel.

C'est ce qu'essayait de démontrer l'année dernière, au moment où la révolution du 2 janvier rendait la question palpitante, un homme que la pureté et l'honnêteté de sa vie, et son inébranlable fidélité aux principes républicains, n'ont pu cependant soustraire à la vengeance aveugle des forcenés de la Commune.

Gustave Chaudey, dans une brochure intitulée : *l'Empire parlementaire est-il possible ?* après avoir fait l'histoire de la centralisation, et établi qu'elle était l'instrument inévitable et forcé de tout gouvernement personnel, ajoute :

« La question, en 1789, était de changer « tout cela.

« La France, fatiguée, excédée de l'ancien « régime, voulait autre chose. Elle était dans « son droit. Les nations, comme les indivi- « dus, peuvent agir sur leur destinée, essayer « de l'améliorer, de la rendre moins soumise « à l'arbitraire. Elles peuvent, comme les in- « dividus, prétendre, aux avantages et aux

« risques, aux garanties et aux responsa-
« bilités de la liberté. La France a donc usé
« de son droit ; elle a fait une révolution pour
« se débarrasser de l'ancien régime, pour s'or-
« ganiser d'après un nouveau principe. Une
« révolution, dans le vrai sens du mot, n'est
« pas autre chose en effet que le travail de
« transformation qu'opère une société sur
« elle-même pour changer de principe poli-
« tique.

« A l'ancien principe du droit divin, il a
« été substitué le principe de la souveraineté
« nationale. Toute la révolution française,
« politiquement et même socialement, se ré-
« duit à cela.

« Le principe de la souveraineté nationale
« n'est devenu une réalité, une institution,
« qu'après soixante ans, par l'établissement
« du suffrage universel.

« Et qu'est-ce maintenant, à côté du prin-
« cipe du droit divin exprimé par la centra-
« lisation, que le principe de la souverai-

« neté nationale exprimé par le suffrage uni-
« versel ?

« C'en est, on peut le dire, la contradiction
« formelle, positive, radicale.

« De ce fait que toutes les affaires publi-
« ques sont soumises au jugement de la
« nation et décidés par le vote de l'universa-
« lité des citoyens, que va-t-il résulter néces-
« sairement ?

« Juste le contraire de ce qui avait dû se
« produire quand tout dépendait de l'appré-
« ciation et de la décision d'un monarque.

« Rien ne doit plus se faire que par la vo-
« lonté de la nation.

« Tous les pouvoirs, le législatif, l'exécutif
« et le judiciaire, doivent tenir leur autorité
« de la nation.

« La paix et la guerre doivent être décidées
« par la nation.

« L'armée doit être l'armée de la nation.

« La flotte doit être la flotte de la nation.

« Chaque groupe politique, chaque com-
« mune, chaque ville, chaque département,
« ayant comme la nation le suffrage univer-
« sel pour principe organique, aura son exis-
« tence propre, sa compétence particulière, et
« pourra, dans la sphère de ses intérêts spé-
« ciaux, délibérer et agir en pleine liberté,
« ne dépendant de la nation que dans les
« choses qui seront d'intérêt national.

« Toutes les situations, toutes les existen-
« ces, tous les intérêts particuliers, protégés
« par la qualité électorale dans chaque ci-
« toyen, seront rendus à leur indépendance
« naturelle. Toutes les professions s'organi-
« seront librement.

« La fausse théorie de l'indépendance res-
« pective du pouvoir exécutif et du pouvoir
« législatif, qui revient à dire que le bras
« peut être indépendant du cerveau, et qui
« ne s'explique que par la nécessité de justi-

« fier, dans les gouvernements de transaction,
« les prérogatives d'un monarque à côté de
« celles des représentants de la nation, devra
« disparaître. Tous les titulaires du pouvoir
« exécutif, quel que soit leur rang, ne seront
« que les ministres ou agents responsables de
« la nation ou des représentants de la nation.

« La doctrine qui, par une erreur contraire,
« fait dépendre le pouvoir judiciaire du pou-
« voir exécutif, sera également écartée.

« Aucun commandement, aucune prescrip-
« tion de caractère général, aucune loi ne
« sera promulguée et exécutée qu'au nom de
« la nation et sous le sceau national.

« Dans les affaires de caractère commu-
« nal, tout sera réglé dans le Conseil de la
« commune ; dans les affaires de caractère dé-
« partemental, tout sera réglé dans le Conseil
« du département ; dans les affaires de carac-
« tère national, tout sera réglé dans le Conseil
« de la nation.

« En toutes choses enfin, la nation, dans

« son ensemble comme dans ses parties, ne
« relèvera que de sa propre pensée et de sa
« propre volonté.

« Tel est dans son développement logique
« et par l'extension successive de ses consé-
« quences, le suffrage universel.

« Il doit en sortir, comme de la centralisa-
« tion, un système complet d'organisation po-
« litique et administrative, mais d'une nature
« bien différente et devant employer des
« moyens tout autres, puisque l'objet essen-
« tiel en est de produire de la liberté, comme
« l'objet essentiel de la centralisation est de
« produire du pouvoir.

« La censure, la critique, la discussion, le
« contrôle des actes de l'autorité, sont aussi
« indispensables au suffrage universel qu'ils
« sont interdits à la centralisation.

« On peut se demander maintenant s'il est
« possible d'avoir à la fois, dans une même
« constitution, dans un même gouverne-

« ment, dans un même organisme politique,
« la centralisation et le suffrage universel.

« La réponse est facile à faire et doit se for-
« muler hardiment.

« Contraires par leur principe, contraires
« par leur objet, contraires par leurs moyens,
« la centralisation et le suffrage universel
« sont absolument inconciliables.

« Toutes les transactions peuvent être es-
« sayées. Il est dans la force des choses qu'el-
« les le soient. Elles dureront, selon les cir-
« constances, plus ou moins longtemps. Elles
« seront utiles, lorsque mettant les deux idées
« aux prises dans de certaines conditions de
« liberté, elles aideront la vérité à se dégager
« et à se répandre dans l'opinion publique. La
« restauration parlementaire qui est actuelle-
« ment tentée aura probablement très-vite ce
« résultat. Il y a déjà un grand progrès de
« réalisé dans le fait seul de l'absorption des
« orléanistes, et même des républicains équi-
« voques, par le gouvernement impérial. Cinq
« ou six hommes comprenant les vrais prin-
« cipes, et capables à un moment donné de

« les relever à la tribune auront facilement
« raison de toutes les combinaisons fausses.
« En définitive, comme la centralisation tient
« au principe qui s'en va, et le suffrage uni-
« versel au principe qui arrive, on est fondé
« à regarder comme certain que le suffrage
« universel ne tardera pas à dévorer la cen-
« tralisation avec tout son accompagnement
« obligé. »

Il est impossible de faire ressortir avec
plus de logique et plus de clarté l'antagonisme
profond qui existe entre la centralisation et
la liberté telle que nous sommes en droit de
la vouloir et de l'exiger. Et si c'était le plus
grand, ce n'était point cependant le seul ob-
stacle qui s'opposait à ce que l'empire et le
parlementarisme puissent se concilier. Relisez
cette constitution, et vous verrez que la contradiction entre les idées que l'on préconisait,
et les droits que l'on prenait soin de se ré-
server, éclate à chaque ligne. La faculté, par
exemple, que gardait le souverain de poser
la question de sa responsabilité à la nation,
n'était-elle point la négation même de cette
responsabilité ?

Tenons donc pour constant, avec la logique, l'expérience et l'histoire, que l'empire ne peut être qu'un gouvernement exclusif et personnel, incapable dès lors de satisfaire les vœux légitimes d'un pays démocratique.

Est-il besoin d'insister pour prouver que la monarchie de droit divin, avec son cortège d'idées surannées et vermoulues est plus incapable encore de répondre à nos aspirations. La lettre même du comte de Chambord en est le meilleur témoignage. Que penser de ce prétendant du moyen-âge, qui, au lendemain de la plus épouvantable des guerres, alors que l'ennemi souille encore le sol de la patrie, met en tête de son programme politique une expédition contre l'Italie, attestant ainsi solennellement son intolérance et son mépris pour le droit des peuples. Laissons donc les cassandres de la légitimité rêver le retour des âges héroïques ; quant à la France, elle ne veut plus de ces régimes caducs qui sont déjà plusieurs fois tombés sous le souffle de sa colère ; ce qu'il lui faut, c'est le progrès et non les ténèbres ; c'est la jeunesse et non la sénilité ; c'est la vie et non la mort.

Au moment même où nous écrivons ces lignes, le comte de Chambord, par son manifeste du 5 juillet, ne vient-il point de se séparer à jamais de la France nouvelle, dont il désavoue les principes et dont il renie le drapeau. Et quelle heure choisit-il pour jeter cet outrage à la face de la nation ? Aussi écoutez la misérable et l'odieuse excuse que fournit un journal se disant légitimiste : « Si « quelqu'un hasardait un blâme je lui répon- « drais : La Commune a bien osé opposer « l'immonde drapeau rouge au drapeau tri- « colore. Qu'y aurait-il donc de si étrange à « voir le drapeau blanc, le drapeau vierge « et sans tache, remplacer le même dra- « peau tricolore, glorieux sans doute dans le « passé, mais dont, hélas ! les Prussiens ont « enlevé à nos armées héroïques un si grand « nombre. »

Maintenant laissons Henri V (c'est le titre qu'il se décerne) nous exposer son boniment :

« Je suis, dit-il, prêt à tout pour aider « mon pays à se relever de ses ruines et à re- « prendre son rang dans le monde ; le seul

« sacrifice que je ne puisse lui faire, c'est
« celui de mon honneur.

« Je suis et veux être de mon temps ; je
« rends un sincère hommage à toutes ses
« grandeurs, et quelle que fût la couleur du
« drapeau sous lequel marchaient nos sol-
« dats, j'ai admiré leur héroïsme, et rendu
« grâce à Dieu de tout ce que leur bravoure
« ajoutait au trésor des gloires de la France.

« Entre vous et moi, il ne doit subsister
« ni malentendu ni arrière-pensée.

« Non , je ne laisserai pas , parce que
« l'ignorance ou la crédulité auront parlé de
« priviléges, d'absolutisme et d'intolérance,
« que sais-je encore ? de dîme , de droits
« féodaux, fantômes que la plus audacieuse
« mauvaise foi essaie de ressusciter à vos
« yeux, je ne laisserai pas arracher de mes
« mains l'étendard d'Henri IV, de François Ier
« et de Jeanne d'Arc.

« C'est avec lui que s'est faite l'unité natio-
« nale ; c'est avec lui que vos pères, conduits

« par les miens, ont conquis cette Alsace et
« cette Lorraine, dont la fidélité sera la con-
« solation de nos malheurs.

« Il a vaincu la barbarie sur cette terre
« d'Afrique, témoin des premiers faits d'armes
« des princes de ma famille ; c'est lui qui
« vaincra la barbarie nouvelle dont le monde
« est menacé.

« Je le confierai sans crainte à la vaillance
« de notre armée ; il n'a jamais suivi, elle le
« sait, que le chemin de l'honneur.

« Je l'ai reçu comme un dépôt sacré du
« vieux roi, mon aïeul, mourant en exil ; il
« a toujours été pour moi inséparable du
« souvenir de la patrie absente ; il a flotté
« sur mon berceau, je veux qu'il ombrage
« ma tombe.

« Dans les plis glorieux de cet étendard
« sans tache, je vous apporterai l'ordre et
« la liberté.

« Henri V ne peut abandonner le drapeau
« blanc d'Henri IV. »

Et il signe bravement : HENRI.

Quel style ! quel homme ! Et notez que cette magnificence dans l'habillement de la pensée ne lui est point exclusivement personnelle et qu'elle semble, ou contraire, avoir été dévolue, par une grâce singulière, au parti tout entier. Voulez-vous savoir, par exemple, comment l'organe le plus accrédité du légitimisme annonce que le comte de Chambord est descendu de chemin de fer, à la gare de X?.. Écoutez : « Sentir les pas du « fils de France s'imprimer sur cette terre « de France, imprégnée de la gloire de cent « aïeux, c'est presque renaître à la vie sous « des rayons d'avenir nouveau. »

Ah ! s'il est toujours vrai que le style c'est l'homme, voilà des gens dont nous ferons bien de nous défier.

Il y a dans l'*Esprit des Lois*, une réflexion qui trouve ici sa place, « quand une fois, dit « Montesquieu, le prestige de la royauté s'est « évanoui au milieu du tumulte des révolu- « tions ; lorsque les rois, se succédant sur le

« trône, y ont tour à tour exposé aux regards
« des peuples, la faiblesse du *droit* et la durée
« du *fait*, personne ne voit plus dans le sou-
« verain le père de l'État, et chacun y aper-
« çoit un maître. S'il est faible, on le mé-
« prise ; on le hait, s'il est fort. Lui-même
« est plein de colère et de crainte ; il se voit
« ainsi qu'un étranger dans son pays, et il
« traite ses sujets en vaincus. »

L'empire et la légitimité étant écartés, le débat est désormais circonscrit entre le gouvernement purement démocratique et le gouvernement parlementaire, entre la République et l'Orléanisme. Auquel de ces deux gouvernements la France devra-t-elle donner la préférence ? lequel est le plus conforme à son génie et le plus propre à prévenir le retour des jours douloureux que nous venons de traverser ? Nous n'hésitons point à dire que c'est la République, et nous essaierons d'en faire brièvement la démonstration.

II

Si l'on se place au point de vue spéculatif
et que l'on ne considère que le côté philoso-
phique de la question, il n'est point contestable que le gouvernement républicain soit le
seul qui puisse donner satisfaction à ce noble
et impérieux besoin de liberté, qui est le signe
caractéristique de la dignité humaine. Pré-
parée et favorisée par la royauté, qui n'avait
d'autre but, d'ailleurs, que de tenir en échec
une noblesse souvent turbulente, et dont l'indépendance et les priviléges étaient un ob-
stacle à la fondation de l'unité monarchique,
consommée enfin par la révolution de 1789,
l'émancipation du peuple est aujourd'hui un
fait accompli, contre lequel rien désormais
ne saurait prévaloir. Quelque libéral que soit
le monarque, il se persuadera difficilement
de la légitimité de cette conquête ; il aura
toujours une certaine inclination à croire que
ce n'est pas à des citoyens, mais à des sujets
qu'il commande, et s'il avait quelque velléité
de devenir un souverain trop citoyen, tenez

pour certain qu'il trouverait, dans son entourage, nombre de gens assez soucieux de leurs propres intérêts, pour le rappeler à des allures plus augustes, et à des idées moins bourgeoises. Qui dit royauté dit courtisan, c'est-à-dire la platitude, la flagornerie et l'adulation à jet continu. Comment résister à ce murmure louangeur, qui accueille tous les actes sans exception ? Aussi, l'heure du vertige arrive-t-elle fatalement, tôt ou tard, car, comme l'a prouvé, hélas ! une récente et douloureuse expérience, la couronne laurée n'est point un préservatif contre le ramollissement du cerveau.

Le gouvernement républicain a pour lui le prestige de la tradition historique ; c'est lui qui fit la grandeur d'Athènes et de Rome ; c'est son influence bienfaisante, et grâce à ses institutions, que grandirent les civilisations antiques qui, encore aujourd'hui, après tant de siècles d'expériences et d'épreuves, demeurent notre idéal. On n'a point oublié la page glorieuse qui appartient dans l'histoire du moyen-âge, aux républiques italiennes, et aujourd'hui aux États-Unis. Après avoir,

comme tous les peuples, traversé des jours
de tristesse et de lutte, ne nous montrent-ils
pas que cette forme de gouvernement, loin
d'être incompatible avec le génie des peuples
modernes, peut, au contraire, les conduire à
la prospérité et à la grandeur ?

Sans doute, la royauté, elle aussi, occupe
dans l'histoire une page qui n'est point sans
gloire ; toutefois, en ce qui concerne Louis-
Philippe et sa dynastie, on peut l'estimer,
mais ce serait, je crois, s'égarer que d'aller
jusqu'à l'admiration.

Aussi la république, avec tous les souvenirs
qu'elle éveille et toutes les espérances qu'elle
apporte, s'impose-t-elle à ses plus énergiques
adversaires. Interrogez les hommes les plus
prévenus contre elle, et s'ils sont sincères et
qu'ils veulent oublier un instant leurs préférences et leurs affections, ils confesseront
qu'une république bien organisée et sage-
ment ordonnée demeure, pour tous les peuples, l'idéal vers lequel ils doivent marcher.
« En soi, écrivait M. Guizot en 1849, c'est
« une noble forme de gouvernement. Elle a

« suscité de grandes vertus, elle a présidé à
« la destinée et à la gloire de grands peuples. »
(Guizot, *De la démocratie en France*). On
pourrait multiplier à l'infini ces citations.
Tout récemment encore, le même homme
d'État, qui ne saurait être suspect en pareille
matière, dans une lettre bien connue, con-
seillait à la France de respecter le fait accompli et de conserver, avec le concours de
M. Thiers, les institutions actuelles.

Donc, au point de vue historique, il n'est
point contestable que, entre l'Orléanisme et
la République, la préférence ne doive appar-
tenir à cette dernière.

Mais ce n'est là, nous le savons, qu'une
considération secondaire ; ce qu'il faut exami-
ner, c'est le côté pratique et utilitaire de la
question ; ce qu'il faut prouver, c'est que l'intérêt bien entendu du pays exige le maintien
et la conservation de la République.

Le besoin permanent de toute société, et le
premier besoin de la France aujourd'hui,
c'est la paix à l'intérieur ; c'est elle qui nous

permettra de panser les plaies du présent et de préparer la revanche de l'avenir. Mais il ne faut point s'y tromper ; c'est une œuvre difficile, qui exige beaucoup de patience et même d'abnégation.

La guerre civile que nous venons de traverser a mis, entre la bourgeoisie et le prolétariat, un abîme qu'il faut dès à présent s'appliquer à combler, et maintenant que la pacification est accomplie, il faut travailler sans relâche à la réconciliation. Nous ne sommes point de ceux qui croient à la déchéance de la France ; notre patriotisme se révolte contre cette idée, et nous avons la foi que le pays, épuré par l'épreuve, saura ressaisir sa prépondérance et retrouver sa grandeur. Hier encore ne remportait-il pas une grande victoire financière, qui atteste la puissance de son crédit ! Mais rien n'est possible sans la paix intérieure, et pour la conserver, il faut maintenir le seul gouvernement qui, par ses origines, sa tradition et ses principes égalitaires, est le plus apte à rapprocher les diverses classes de la société et à consommer leur fusion et leur alliance. Songer à une restau-

ration monarchique, c'est préparer une révolution. « En vertu d'une évolution historique
» dont les observateurs myopes seront seuls à
» s'étonner, il se trouve que la monarchie est
» passée à l'état révolutionnaire, et nous donne
» la peur de l'anarchie, tandis que la répu-
» blique a pour elle l'autorité qui s'attache
» au maintien de l'ordre.» (Louis Blanc). —
Lettre au Rédacteur de la NATION SOUVE-
RAINE.

Ces paroles sont profondément vraies; à
l'heure présente, toute tentative contre la
république serait un appel à l'insurrection.
Et qu'on y songe, cette guerre civile serait
plus redoutable et plus terrible que toute
autre, car la question politique se compliquerait de la question sociale. Il ne s'agit point
ici d'un danger imaginaire; les plus excellents
esprits le reconnaissent, et c'est la menace
de ce péril qui explique pourquoi des hommes, notoirement hostiles à la République,
lui donnent une adhésion et un concours
temporaires. Il ne faut point que cet enseignement soit perdu; que ceux donc que
n'égare pas la passion politique, et qui n'ont

d'autre souci que de voir s'ouvrir une période d'apaisement et de calme, se rallient sincèrement au gouvernement actuel, et qu'ils ne prêtent pas la main à des compétitions qui nous replongeraient dans l'anarchie.

Depuis 1789, bien des tentatives ont été faites pour arriver à fonder un gouvernement stable ; la France, durant cette période, ne compte pas moins de dix-sept constitutions différentes, en y comprenant, il est vrai, celles qui n'ont eu qu'une existence officielle, ou qui sont demeurées à l'état de projet. Cela représente pour chaque constitution une durée moyenne d'environ quatre années. Tous les régimes, sans exception, ont été tentés, mais aucun n'a pu subir bien longtemps l'épreuve ; aussi est-il facile de répondre à ceux qui se servent de l'argument banal consistant à affirmer dogmatiquement que la République est impossible en France. A ce compte, les autres formes gouvernementales y sont également impossibles, puisque nulle d'entre elles n'a pu jeter des racines assez profondes pour assurer son existence et se maintenir contre un coup de main. Nous recommençons aujourd'hui une entreprise déjà tentée, mais nous la recommençons avec l'expérience et le souvenir du passé, avec la leçon cruelle du présent, et sous la direction d'un homme qui a donné trop de gages de son éclatant mérite, pour qu'il puisse être contesté.

III

Plus habiles et plus discrets que le comte
de Chambord , les princes d'Orléans n'a-
dressent point de lettres à leurs amis de
l'Assemblée nationale ; ils savent le prix du
silence, et tout en prenant soin de se rappeler
souvent à l'attention publique, tantôt par une
courte apparition au sein de la chambre,
tantôt par une visite à M. Thiers, et de se
rendre intéressants par la publication de leurs
faits et gestes dans des feuilles soldées à cet
effet, ils ne semblent point décidés à fournir
d'explications sur leur ligne politique. Nous
en sommes donc réduits aux conjectures sur
la façon dont ils entendent et comprennent
la pratique de la royauté constitutionnelle, et
jusqu'à preuve contraire, nous sommes auto-
risés à supposer que, pour eux, le type de la
constitution, c'est la charte de 1830.

Nous entendons bien que l'on n'ait pas
la prétention de la ressusciter tout entière;
elle renferme en effet des dispositions qui

sont trop en contradiction avec le droit public comtemporain, pour qu'il soit possible de les faire revivre. Le suffrage universel, par exemple, nous semble au-dessus de toute atteinte, et ce serait une folle entreprise que de tenter le rétablissement du cens électoral.

Le comte de Chambord lui-même, qui ne parle de rien moins que de « reprendre, en « lui restituant son caractère véritable, le « mouvement national de la fin du siècle « dernier », ce qui constitue un recul de quatre-vingts ans, déclare qu'il accepte le suffrage universel. Mais il existe dans la charte certaines dispositions qui tiennent à l'existence même de la royauté, sans lesquelles elle ne serait pas et auxquelles, en conséquence, elle ne peut renoncer ; la plus importante, et en même temps la plus dangereuse pour le pays, c'est l'hérédité.

Au temps où l'on croyait à la sainte ampoule, et où les rois de France tenaient de Dieu le privilége de guérir certaines infirmités par l'imposition des mains, l'hérédité n'était point seulement un principe, mais un

véritable dogme, placé sur des hauteurs trop
élevées pour être exposé à la discussion et à la
critique. Les rois, dans ces âges de foi aveugle, ne tenaient point la couronne du pays,
mais bien de Dieu lui-même, et quand ils
daignaient se révéler au peuple, c'était pour
l'inviter à payer l'impôt.

Mais un jour vint où, désabusé, le peuple
se demanda si les princes n'étaient point responsables au même titre que les autres hommes, et la réponse ayant été affirmative, il
se vengea, le 21 janvier 1793, de tant de siècles d'oppression et de misère.

Le principe de l'hérédité est-il admissible ?
Est-il compatible avec l'état actuel de la société ? Non, à différents points de vue.

Le premier et le plus grave inconvénient de
cette immobilisation du pouvoir aux mains
d'une famille privilégiée, c'est qu'il faut, sous
peine de voir le gouvernement du pays livré
aux plus dangereux hasards, que le niveau
intellectuel et moral de cette famille ne s'a-
baisse jamais. Or, nous ne sachions pas que la

nature ait de ces complaisances et de ces
courtisaneries, et tel prince aura eu toutes
les qualités, toutes les vertus et tous les
talents, dont le descendant sera un simple
idiot.

Interrogez l'histoire ; chacune de ses pages
est la plus éloquente critique du principe
héréditaire, et il n'est pas besoin pour le
démontrer d'aller chercher des documents
ailleurs que dans nos annales. Avec le système de l'hérédité, vous serez condamné
à supporter un faux monnayeur comme
Philippe VI, ou un insensé comme Charles VI ;
vous aurez, après la tyrannie dévote de
Louis XIV, les turpitudes de la régence et du
règne de Louis XV. Pourquoi ce servage
éternel ? A quoi bon cette main-mise, grâce
à laquelle le pays se trouve livré à la dis-
crétion d'un homme, qui n'a besoin, pour
prendre possession de son trône, que de produire un acte de naissance, et qui est dispensé
de faire la preuve de son honnêteté et de son
mérite ? Combien n'est-il point préférable de
déléguer la souveraineté à un président révo-
cable, simple citoyen dont le mandat circon-

scrit et limité pourra être révoqué à des épo-
ques déterminées.

Voyez les États-Unis ; avec quel calme et
quelle tranquillité s'opèrent ces transitions !
L'épicier Lincoln meurt assassiné ; le tailleur
Johnston prend sa place à la tête des affaires
de la république, et il ne vient à personne
l'idée que ce pourrait être une occasion favo-
rable pour tirer un coup de fusil, ou pendre
un sergent de ville. Et cependant la liberté
règne ici sans conteste ; les droits de la presse
ne sont point limités et toutes les opinions
ont la faculté de se produire au grand jour.
Sans doute nous n'en sommes point arrivés
encore à cette sagesse démocratique, mais il
n'est point trop tard pour en faire l'appren-
tissage, et nous parerons ainsi à un second
inconvénient de l'hérédité, la menace latente,
mais permanente d'une révolution. Les préférences politiques ne sont point toujours rai-
sonnées, et pour quelques-uns qui adoptent
une famille en raison des idées et de la tradition qu'elle représente, il en est beaucoup
qui, moins éclairés, se rallient purement et
simplement à un nom. C'est cette majorité

qu'il faut instruire et persuader ; il faut lui apprendre que la souveraineté ne saurait se transmettre comme un héritage, et qu'il est une idée commune à laquelle il faut se rallier : celle qui met à l'écart toutes les dynasties, sans exception, pour ne songer qu'au pays. Tant que cette fusion ne sera point consommée, chaque transmission de pouvoir sera infailliblement l'occasion et le signal d'une guerre civile; jamais on n'arrivera au désarmement des partis et, comme en définitive, quelque libéral que soit le régime, il sera toujours en contradiction par un point quelconque avec la souveraineté nationale, ceux qui se lèveront au nom de cette souveraineté trouveront toujours un écho. Sous le gouvernement républicain, vous êtes averti que, tel jour, le fonctionnaire que la confiance populaire a placé à la tête de l'État, déposera son pouvoir, et qu'on pourra, si l'intérêt du pays le demande, lui substituer un autre mandataire. Vous pouvez prendre, dès lors, toutes les mesures de prudence, afin que, lors de cette échéance, la transition se consomme sans désordre, et comme cette expérience se renouvellera périodiquement à des intervalles assez rapprochés, elle finira par entrer dans les mœurs et les habitudes et se réduire aux proportions d'une simple formalité.

Le principe héréditaire n'est point seulement condamné par l'histoire et par les dangers où il place l'ordre public ; il y a d'autres inconvénients encore.

S'il est une science qui se modifie et se renouvelle sans cesse, c'est la science politique ; à un monde nouveau, dont le génie n'est plus le même que celui du monde qui l'a précédé, il faut une science politique nouvelle ; mais pour cela la première condition c'est que la constitution soit variable et puisse être modifiée conformément aux nouvelles aspirations de la nation. Ce ne sont point, en effet, les institutions qui doivent tyranniser l'homme ; il faut, au contraire, qu'elles demeurent sous sa dépendance absolue, afin qu'il puisse les améliorer, les transformer et les adapter aux nécessités que crée un ordre de choses nouveau. Or, avec l'hérédité, une partie de la constitution est immuable.

De quel droit, d'ailleurs, imposerions-nous notre volonté et nos préférences aux générations qui doivent nous succéder ? De quel droit les enchaînerions-nous d'avance par un système politique qui peut être en contradiction avec leurs goûts et leurs intérêts ? Pourquoi cette sorte de tyrannie d'outre-tombe? S'il nous plaît d'abdiquer, peut-être nos descendants auront-ils plus de fierté au cœur, et ils ne serait pas généreux de leur léguer une révolution en leur imposant une dynastie.

Si l'hérédité est un des vices principaux de l'état monarchique, il en comporte d'autres qui ne sont point sans gravité. La royauté constitutionnelle de 1871 entend-elle, par exemple, revendiquer le bénéfice de l'article 13 de la charte de 1830. Il est ainsi conçu : « Le roi est le chef suprême de l'État, com-
« mande les forces de terre et de mer, déclare
« la guerre ; il fait les traités de paix, d'al-
« liance et de commerce, nomme à tous les
« emplois d'administration publique. »

Il est impossible d'armer un souverain constitutionnel de plus redoutables prérogatives. Quelles entraves pourrez-vous opposer à ses envahissements quand vous lui aurez fait une position inexpugnable? C'est en vain qu'après avoir concédé ses droits au pouvoir monarchique, vous essaierez de les défendre en définissant, comme le fait Benjamin Constant, la royauté par l'inertie. Cette inertie serait la mort à bref délai; le pouvoir ne peut exister qu'à la condition de régner sur l'opinion, et pour y arriver il faut faire acte de souverain.

Comme le dit très-justement M. Louis Blanc, ne croyez pas qu'un roi se contente jamais de cette vie sans chaleur et sans mouvement; ne croyez pas qu'élevé à l'orgueil d'une situation exceptionnelle et unique, il se résigne à être un peu moins que le roi dans une partie d'échecs. Oh! non; celui qu'on entoure de distinctions les plus flatteuses désirera naturellement le pouvoir le plus étendu. Libre de choisir ses ministres, il en fera ses instruments s'il a du génie; ses guides, s'il n'a que l'ambition; s'il est Napoléon, il aura Cambacérès; s'il est Charles X, il aura Polignac. Mais dans l'un et l'autre cas, se réservant le plaisir du commandement, il écartera de ses ministres les dangers de l'obéissance.

Quand le despotisme sera attaqué au nom de la loi, la responsabilité ministérielle s'abritera sous l'inviolabilité royale. Quand le peuple, longtemps arrêté dans l'oppression, marchera dans sa confiance et dans son audace, l'inviolabilité royale sera enchaînée par une solidarité sanglante à la responsabilité ministérielle. Après le 6 juin, la cour de cassation condamna l'état de siége, et les ministres responsables demeurèrent impunis : la royauté sauvait le ministère. Au mois de juillet 1830, le peuple condamna les ordonnances, et le roi inviolable fut envoyé en exil : le ministère perdait la royauté.

Il y a dans l'ouvrage d'Alexis de Tocqueville, *la Démocratie en Amérique*, un chapitre où l'auteur fait, avec l'élévation de talent et l'autorité qui lui appartiennent, un parallèle entre la monarchie constitutionnelle et le pouvoir que le président tient de la constitution. Nous engageons ceux qui hésitent sur

un mode de gouvernement à lire ces lignes
et à s'en pénétrer. Ils comprendront, par ce
tableau saisissant, la distance immense qui
sépare les deux pouvoirs.

Voici, d'ailleurs, la partie la plus importante de ce chapitre :

« Afin de concevoir une idée claire et pré-
« cise de la position du président des États-
« Unis, il est utile de la comparer à celle du
« roi, dans l'une des monarchies constitution-
« nelles d'Europe.   .

« Dans cette comparaison, je m'attacherai
« aux signes extérieurs de la puissance ; ils
« trompent l'œil de l'observateur, plus qu'ils
« ne le guident.

« Lorsqu'une monarchie se transforme peu
« à peu en république , le pouvoir exécutif
« y conserve des titres d'honneur, des res-
« pects et même de l'argent, longtemps après
« qu'il y a perdu la réalité de la puissance.
« Les Anglais, après avoir tranché la tête à
« un de leurs rois, et en avoir chassé un autre

« du trône, se mettaient encore à genoux
« pour parler au successeur de ces princes.

« D'un autre côté, lorsque les républiques
« tombent sous le joug d'un seul, le pouvoir
« continue à s'y montrer simple, uni et mo-
« deste dans ses manières, comme s'il ne
« s'élevait point déjà au-dessus de tous. Quand
« les empereurs disposaient despotiquement
« de la fortune et de la vie de leurs conci-
« toyens, on les appelait encore césars en
« leur parlant, et ils allaient souper familiè-
« rement chez leurs amis.

« Il faut donc abandonner la surface et
« pénétrer plus avant.

« La souveraineté aux États-Unis est divi-
« sée entre l'Union et les États, tandis que
« parmi nous, elle est une et compacte ; de là
« naît la première et la plus grande différence
« que j'aperçoive entre le président des États-
« Unis et le roi de France.

« Aux États-Unis, le pouvoir exécutif est
« borné et exceptionnel, comme la souverai-

« neté même au nom de laquelle il agit ; en
« France, il s'étend à tout comme elle.

« Les Américains ont un gouvernement fé-
« déral, nous avons un gouvernement na-
« tional.

« Voilà une première cause d'infériorité
« qui résulte de la nature même des choses :
« mais elle n'est pas la seule. La seconde en
« importance est celle-ci : on peut, à propre-
« ment parler, définir la souveraineté, le droit
« de faire les lois.

« Le roi, en France, constitue réellement
« une partie du souverain, puisque les lois
« n'existent point s'il refuse de les sanction-
« ner ; il est de plus l'exécuteur des lois.

« Le président est également l'exécuteur
« de la loi, mais il ne concourt pas réellement
« à la faire, puisque, en refusant son assen-
« timent, il ne peut l'empêcher d'exister. Il
« ne fait donc pas partie du souverain, il n'en
« est que l'agent.

« Non-seulement le roi, en France, consti-
« tue une portion du souverain, mais encore
« il participe à la formation de la législature
« qui en est l'autre portion. Il y participe en
« nommant les membres d'une chambre, et
« en faisant cesser à sa volonté la durée du
« mandat de l'autre. Le président des États-
« Unis ne concourt en rien à la composi-
« tion du corps législatif, et ne saurait le dis-
« soudre.

« Le roi partage avec la chambre le droit
« de proposer la loi.

« Le président n'a point d'initiative sem-
« blable.

« Le roi est représenté au sein des Cham-
« bres par un certain nombre d'agents qui
« exposent ses vues, soutiennent ses opinions
« et font prévaloir des maximes de gouver-
« nement.

« Le président n'a point entrée au congrès ;
« ses ministres en sont exclus comme lui-
« même, et ce n'est que par des voies indi-

« rectes qu'il fait pénétrer dans ce grand
« corps son influence et ses avis.

« Le roi de France marche donc d'égal à
« égal avec la législature, qui ne peut agir
« sans lui, comme il ne saurait agir sans elle.
« Le président est placé à côté de la légis-
« lature comme un pouvoir inférieur et dé-
« pendant.

« Dans l'exercice du pouvoir exécutif, pro-
« prement dit, point sur lequel sa position
« semble se rapprocher de celle du roi en
« France, le président a encore plusieurs
« causes d'infériorité très-grandes.

« Le pouvoir du roi, en France, a d'abord
« sur celui du président l'avantage de la
« durée : or, la durée est un des premiers élé-
« ments de la force. On aime et on ne craint
« que ce qui doit exister longtemps.

« Le président des États-Unis est un ma-
« gistrat élu pour quatre ans. Le roi, en
« France, est un chef héréditaire.

« Dans l'exercice du pouvoir exécutif, le
« président des États-Unis est continuelle-
« ment soumis à une surveillance jalouse.
« Il prépare les traités, mais il ne les fait pas ;
« il désigne aux emplois, mais il ne nomme
« point.

« Le roi de France est maître absolu, dans
« la sphère du pouvoir exécutif.

« Le président des Etats-Unis est respon-
« sable de ses actes. La loi française dit que
« la personne du roi de France est inviolable.

« Cependant au-dessus de l'une comme au-
« dessus de l'autre se tient un pouvoir diri-
« geant, celui de l'opinion publique. Ce pou-
« voir est moins défini en France qu'aux
« États-Unis, moins reconnu, moins formulé
« dans les lois, mais de fait il y existe. En
« Amérique, il procède par des élections et
« des arrêts ; en France, par des révolutions.
« La France et les États-Unis ont ainsi, mal-
« gré la diversité de leur constitution, ce
« point de commun que l'opinion publique y
« est, en résultat, le pouvoir dominant. Le

« principe générateur des lois est donc, à
« vrai dire, le même chez les deux peuples,
« quoique ses développements y soient plus
« ou moins libres, et que les conséquences
« qu'on en tire soient souvent différentes. Ce
« principe de la nature est essentiellement
« républicain. Aussi, pensai-je que la France,
« avec son roi, ressemble plus à une répu-
« blique que l'Union, avec son président, à
« une monarchie.

« Dans tout ce qui précède, j'ai pris soin
« de ne signaler que les points capitaux de
« différence. Si j'eusse voulu entrer dans les
« détails, le tableau eût été bien plus frappant
« encore. Mais j'ai trop à dire pour ne pas
« vouloir être court.

« J'ai remarqué que le pouvoir du prési-
« dent des États-Unis ne s'exerce que dans
« la sphère d'une souveraineté restreinte ;
« tandis que celui du roi en France agit dans
« le cercle d'une souveraineté complète.

« J'aurais pu montrer le pouvoir gouver-
« nemental du roi en France dépassant même

« ses limites naturelles, quelque étendues
« qu'elles soient, et pénétrant de mille ma-
« nières, dans l'administration des intérêts
« individuels.

« A cette cause d'influence je pouvais
« joindre celle qui résulte du grand nombre
« des fonctionnaires publics, qui, presque
« tous, doivent leur mandat à la puissance
« exécutive. Ce nombre a dépassé chez nous
« toutes les bornes connues; il s'élève à
« cent trente-huit mille. Chacune de ces cent
« trente-huit mille nominations doit être
« considérée comme un élément de force. Le
« président n'a pas le droit absolu de nommer
« aux emplois publics, et ces emplois n'excè-
« dent guère douze mille. »

IV.

Au point de vue financier (et cette considération est des plus sérieuses à l'heure présente),
il est indiscutable que l'avantage demeure à
la république et qu'aucune forme de gouvernement ne se prête plus à l'économie. Or,
jamais elle ne fut plus impérieusement com-
mandée par les circonstances. La dette conso-
lidée qui, au commencement de l'année 1870,
déduction faite de trois millions de rente
appartenant à la Caisse d'amortissement,
s'élevait annuellement à un chiffre de trois
cent soixante millions cinq cents mille francs,
s'est accrue, par suite des événements, dans
des proportions énormes. Il faut y ajouter
aujourd'hui les frais de la guerre, et ils ne
sont malheureusement point en rapport et
en proportion avec les résultats que nous
avons obtenus ; il faut y joindre encore la ran-
çon de cinq milliards que nous a imposée la
Prusse, et les sommes que nous devons lui
verser périodiquement pour l'entretien de ses

garnisaires. D'un autre côté, la France, en perdant deux de ses plus riches provinces, a éprouvé de ce chef une diminution de revenu que l'on ne peut évaluer à moins de trente-cinq ou quarante millions. Il faut donc s'appliquer à réaliser le plus d'économies qu'il sera possible, afin d'arriver à combler ce gouffre et à dégrever la nation de ces nouveaux impôts qui vont peser si lourdement sur tous. Or, la royauté ne nous paraît point placée dans des conditions favorables pour venir en aide au trésor public. N'apporte-t-elle point avec elle une institution qui, sous le nom de *liste civile*, fait chaque année au budget une large brèche? N'a-t-elle point toujours à sa suite des oncles, des frères et des cousins dont il faut payer l'entretien et doter les filles?

C'est l'Assemblée Constituante qui, en 1789, institua cette dotation qui n'a été appelée *liste civile* que par suite d'un emprunt fait à la langue constitutionnelle de l'Angleterre. Avant cette époque, le domaine de la couronne et le domaine de l'État étaient confondus dans les mains du roi.

L'Assemblée Nationale rendit plusieurs décrets relativement à la liste civile, notamment celui du 7 octobre 1789, qui décide que les sommes destinées au paiement de la liste civile seront votées chaque année, et celui du 4 janvier 1790, qui porte « qu'il sera fait « une députation au roi pour demander à « Sa Majesté quelle somme elle désire que la « nation vote pour sa dépense personnelle, « celle de son auguste famille et de sa maison, « et que M. le président, chef de la députation, « sera chargé de prier Sa Majesté de con- « sulter moins son esprit d'économie que la « dignité de la nation, qui exige que le trône « d'un grand monarque soit environné d'un « grand éclat ». Étrange langage, et comme ces marques de déférence et de respect contrastent singulièrement avec les événements mémorables qui étaient à la veille de s'accomplir, et qui devaient emporter la royauté dans leur tourbillon furieux.

Il n'est point inutile de rappeler ce que coûte l'entretien de la royauté ; ici les chiffres ont une incontestable éloquence.

La liste civile de Louis XVI était de vingt-cinq millions par an, et la reine avait un douaire de quatre millions.

Louis XVIII touchait également une dotation de vingt-cinq millions.

Charles X avait aussi une indemnité de vingt-cinq millions, et le trésor payait en outre une somme annuelle de sept millions pour tenir lieu d'apanage aux princes et princesses de la famille royale.

Louis-Philippe, plus modeste, il faut le reconnaître, se contentait de douze millions par an.

Sous l'empire, la dotation était de vingt-cinq millions, plus une dotation annuelle de quinze cent mille francs aux princes et princesses de la famille impériale. Ajoutez à cela le palais des Tuileries, le Louvre, l'Élysée, le Palais-Royal, les châteaux, maisons, bâtiments, terres, prés, corps de ferme, bois et forêts composant les domaines de Versailles, Marly, Saint-Cloud, Meudon, Saint-Germain-en-Laye, Compiègne, Fontainebleau, Rambouillet, les manufactures de Sèvres, des Gobelins, de Beauvais, le garde-meuble, les bois et forêts de Vincennes, Sénart, Dourdan, Laigue.

La république, il faut le reconnaître, est infiniment plus modeste. En 1848, le traitement du président ne dépassait point la somme de six cent mille francs, et aujourd'hui M. Thiers, en sa qualité de chef du pouvoir exécutif, touche un traitement de quatre cent quatre-vingt mille francs, plus une indemnité de cent trente-un mille neuf cents francs pour le service de ses bureaux et les frais de représentation, ce qui forme un total de six cent onze mille neuf cents francs.

Il n'est pas besoin d'insister longuement ; la liste civile, les dotations, les pensions, tout cela constitue une série de charges et de dépenses énormes, complètement inconnues dans un état républicain. On n'y éprouve point le besoin d'avoir un sénat, qui ne coûte pas moins de six millions par an ; on n'y fait point de pensions alimentaires de cinquante ou de cent mille francs aux veuves des fonctionnaires, qui, de leur vivant, touchaient de scandaleux émoluments.

C'est donc encore une supériorité que la république possède sur le gouvernement monarchique.

V

Aujourd'hui la France est maîtresse souveraine de ses destinées, et personne ne paraît songer à lui contester le droit de disposer d'elle-même. Pendant de bien longues années sa voix a été étouffée, et elle s'est faite l'esclave trop obéissante et trop soumise d'une troupe d'aventuriers politiques, dont elle a pu depuis apprécier la moralité. Ses finances ont été follement gaspillées dans des entreprises lointaines, ou jetées en pâture à l'avidité de cette horde de fonctionnaires et de dignitaires, qui sont l'accessoire obligé des monarchies. Mais ce n'est point en vain que les nations, sans souci du lendemain, s'abandonnent à un repos facile, et deviennent indifférentes à tout ce qui touche aux intérêts du pays; l'inertie politique chez un peuple le conduit fatalement aux abîmes. Aussi le réveil a-t-il été terrible, et la France s'est-elle trouvée aux prises avec la plus formidable des invasions, sans alliance aucune, avec une armée pleine de bravoure sans doute, mais qui avait à sa tête toutes les incapacités et toutes les nullités de l'Empire. Le sort des batailles lui a été contraire, et si elle n'a point perdu son honneur dans la lutte, elle y a laissé le sang de ses enfants, et la portion la plus chère de son territoire. Le gouvernement personnel a comblé la mesure des calamités qui peuvent fondre sur une nation. Mais il ne faut point que l'enseignement qui se dégage de ces événements soit perdu ou dénaturé ; tous ces malheurs, ils sont l'œuvre d'un homme, et pourtant ils demeurent la plus énergique condamnation de tout système politique qui substitue la domination d'un seul, à la souveraineté de tous, quelque précaires, d'ailleurs, que l'on puisse supposer ce pouvoir et cette domination. Il faut que la France se résigne à se gouverner elle-même, comme les États-Unis d'Amérique, et à faire ses propres affaires, sans être sans cesse en quête d'un sauveur, qu'il faut plus tard payer si cher. Pour cela, il lui faut une indépendance absolue et un pouvoir sans limite vis-à-vis des agents qu'elle investira de sa confiance, et c'est dans le gouvernement républicain seul, qu'elle peut trouver ces garanties. Et que l'on ne vienne

point soutenir que ce gouvernement, en har-
monie avec l'esprit des grandes cités, est
antipathique au reste de la population, qui
l'associe aux idées de tumulte et de désordre;
les élections du 2 juillet 1871, donnent à cette
calomnie un éclatant démenti ; elles prouvent
que ces injustes préventions ont vécu, et que
sur ce terrain, l'alliance est désormais consommée entre les grandes villes et les campagnes.

Pourquoi donc attendrait-on davantage et
ne répondrait-on point immédiatement au
vœu populaire si clairement indiqué ? Pourquoi demeurer plus longtemps dans cet état
d'incertitude ? La dignité de la France exige
qu'on se hâte d'en sortir. Que les nouveaux
élus des départements viennent, au nom de
leurs commettants, affirmer de nouveau, à
la barre de l'Assemblée, la foi politique qu'ils
sont chargés de soutenir et de défendre, et
que la majorité de la Chambre, interprète de
la majorité du pays, réponde à ses aspirations
en proclamant et en fondant la république.

Là est le devoir, là est le salut.

Ancienne Librairie de l'Agriculture, fondée en 1867
Rue de Fleurus, 9

COMPTOIR GÉNÉRAL
DE LIBRAIRIE AGRICOLE ET HORTICOLE

Publications politiques et administratives — Économie
politique et sociale — Sciences — Enseignement

André SAGNIER

Commissionnaire-Éditeur

7, CARREFOUR DE L'ODÉON, 7

(Entre les rues de l'Ancienne Comédie, St-Sulpice et Monsieur-le-Prince)

A PARIS

Extrait du Catalogue général

Avis. — Le Catalogue général de la Librairie ANDRÉ SAGNIER est adressé *franco* à toute personne qui en fait la demande. — Tous les ouvrages demandés sont expédiés *franco, par le retour du courrier*, contre l'envoi de leur montant en un mandat de poste ou un bon à vue sur Paris. — Un service régulier est organisé dans cette Librairie pour l'importation des ouvrages publiés à l'étranger. — Une remise de 10 pour 100 est accordée en outre à tout abonné d'un journal agricole ou horticole publié à Paris, sur les demandes de livres qui dépassent *cinquante francs*.

La Librairie ANDRÉ SAGNIER **reçoit en dépôt** les ouvrages relatifs à l'Agriculture et à l'Horticulture, à l'Administration et à l'Industrie, aux Sciences et à l'Enseignement, à l'Économie politique et sociale, dont les auteurs ou éditeurs désirent qu'elle opère la vente pour leur compte.

Commission — Exportation

1870-1871

JOURNAUX ET REVUES

Le Monde agricole, *revue internationale des faits d'agriculture et d'économie rurale,* publiée par M. Jules Laverrière, lauréat, correspondant et bibliothécaire de la Société impériale et centrale d'agriculture de France, paraissant tous les mois en un joli cahier grand in-8°. Prix de l'abonnement annuel : **6** fr.

15 abonnements pris ensemble et servis à différentes adresses, au choix du souscripteur. **75** fr.

Avis. —Le *Monde agricole* ne paraîtra que lorsque 2.000 souscriptions d'abonnement seront parvenues à l'éditeur. — On souscrit dès à présent, sans verser le prix d'abonnement.

Journal d'agriculture progressive, *indicateur général des améliorations agricoles,* fondé et dirigé par Éd. Vianne, paraissant, toutes les semaines, par livraison de 32 pages in-8°. — Prix de l'abonnement annuel : **15** fr.

Journal d'agriculture pratique, *Moniteur des comices, des propriétaires et des fermiers,* fondé en 1837 par Alexandre Bixio, dirigé par Éd. Lecouteux, secrétaire général de la Société des Agriculteurs de France, paraissant toutes les semaines par livraison de 40 pages in-8°. — Prix de l'abonnement annuel : **20** fr.

Journal de l'Agriculture, *de la ferme et des maisons de campagne,* de l'horticulture, de l'économie rurale et des intérêts de la propriété, fondé et dirigé par J.-A. Barral, paraissant le 5 et le 20 de chaque mois, en une livraison de 10 feuilles in-8°. — Prix de l'abonnement annuel **25** fr.

Gazette des Campagnes, *organe politique de la France rurale,* dirigée par Louis Hervé, paraissant toutes les semaines. Prix de l'abonnement annuel : **12** fr.

Bibliothèque municipale. — *Publications administratives,* dirigées par Louis Lazare.

La *Bibliothèque municipale* forme déjà 10 volumes. Elle a été commencée en 1848, et depuis cette époque il n'est pas un projet de l'administration municipale de Paris qui n'ait été examiné dans tous ses détails. — Chaque volume se compose de 8 livraisons. — Le prix de chaque livraison, accompagnée d'un plan sur acier, est de 3 fr.

Abonnements à tous les journaux français et étrangers, contre l'envoi du prix d'abonnement en un mandat ou un bon à vue sur Paris

PUBLICATIONS NOUVELLES

La Ferme et les Champs, *Guide pratique de l'agriculteur,*
comprenant 1° la description, le choix, l'emploi des machines
et instruments agricoles, les avantages qu'ils présentent, etc.; —
2° la description des principales races chevalines, bovines, ovines
et porcines; — 3° la valeur des engrais de ferme et du commerce; — 4° des notions sur les principales cultures, l'emploi
des semences, etc., par ED. VIANNE, ingénieur agricole, direc-
teur-gérant du Journal d'agriculture progressive, etc. *Deuxième
édition, revue et considérablement augmentée,* 1 fort vol
grand in-8° de 548 pages, orné de 372 figures.   **6** fr.

Le même ouvrage, relié élégamment en percaline.   **7** fr. **50**

La Ferme et les Champs forme une véritable encyclopédie
agricole. Cet ouvrage est le seul qui renferme des détails ré-
cents et complets sur les machines agricoles considérées au point
de vue de leur emploi pratique et économique.

Pommes de terre, *leur culture, emploi et conservation,* par
ED. VIANNE, 1 vol. in-12 de 144 pages, orné de 31 fig. **1** fr. **25**

On a beaucoup écrit sur les pommes de terre, mais la plupart
des écrits sont contradictoires; le nouvel ouvrage de M. Vianne
est le seul qui résume ce qui a été dit sur la matière au point
de vue pratique de la culture.

Petit Code rural des contributions directes, *Veillées d'un
vieux répartiteur de campagne,* à l'usage des autorités municipales, répartiteurs, secrétaires de mairie et contribuables, par
MM. DESLIGNIÈRES et LAMBERT; 6e édition, 1 vol. in-12 de
216 pages.   **1** fr. **50**

Le même ouvrage, relié élégamment en percaline.   **2** fr.

A B C des contributiont directes. Moyens de se rendre
compte de ses *impositions,* d'en vérifier l'exactitude, et d'*obtenir
des dégrèvements,* s'il y a lieu, par D. MILLET; broch. in-8°
de 72 pages.   **1** fr. **25**

L'Octroi et le Vinage, par ROMUALD DEJERNON, 1 vol. in-12.
                                                            1 fr. **25**

L'Étable, *nouveau traité de zootechnie agricole,* par F. RO-
BIOU DE LA TRÉHONNAIS; 1 fort vol. in-12, avec figures.   **5** fr.

Almanach-Mabille, indiquant tous les travaux à faire men-
suellement en agriculture et en jardinage; 1 vol. in-16 de
200 pages, avec figures.   **50** c.x

**Annuaire des propriétaires horticulteurs et des jardi-
niers,** *tableau synoptique et chronologique* des travaux à

exécuter dans les jardins, par Isaac Mabille, architecte paysagiste ; une feuille de 75 cent. de haut sur 55 cent. de largeur, *franco.* **60** c.

Le Propriétaire-paysagiste, manuel d'horticulture, d'arboriculture fruitière et forestière, d'anatomie et de physiologie végétales, de l'ornementation des parcs et jardins, etc., avec plans et vignettes, par Isaac Mabille ; 1 fort vol. in-12, orné de 175 plans et figures. **5** fr.

Le même ouvrage, élégamment relié en percaline. **6** fr.

Le Petit livre de la santé et du bien-être, *notions pratiques d'hygiène, de médecine et de pharmacie usuelles* ou des cas pressants et d'économie générale, précédées de considérations morales concourant au bien-être, à l'usage des classes laborieuses ou des personnes bienfaisantes, surtout à la campagne, par Aug. Gaffard ; 1 joli vol. in-18 de 216 pages. **1** fr.

Arbres fruitiers. *Culture et taille rationnelles et économiques* des poirier, pommier, prunier et cerisier, par V.-F. Lebeuf ; 1 vol. in-12, avec 60 figures. **2** fr. **50**

Les Asperges, les Fraises, les Figues et les Framboises, par V.-F. Lebeuf ; 4e édition, 1 vol. in-18, avec 28 fig. **1** fr. **50**

L'Agriculture du Nord de la France, par J.-A. Barral.— Tome II. *Les fermes de M. A. Vandercolme,* à Rexpoëde, Killem et Armbouts-Cappel, *les Wateringues* et *les Moëres* de l'arrondissement de Dunkerque ; 1 fort vol. grand in-8°, avec de nombreuses figures et planches. **15** fr.

Le Galéga, *nouveau fourrage,* sa culture, son usage et son emploi, par Gillet-Damitte ; 2e édition, considérablement augmentée de faits et d'expériences de praticiens ; 1 vol. in-12. **1** fr. **25**

L'Écrevisse, *mœurs, reproduction, éducation,* par Pierre Carbonnier ; 1 vol. in-12. **2** fr.

La bonne Ménagère agricole, livre de lecture à l'usage des jeunes filles des écoles primaires, par L.-E. Bérillon ; 4e édit., 1 vol. in-12, cart. **1** fr. **25**

Instruction et liberté, par Romuald Dejernon ; 1 vol. in-12. **2** fr.

Les Quartiers pauvres de Paris. — *Le 20e arrondissement.* Études municipales, par Louis Lazare ; 1 v. in-12. **1** fr.

Traité théorique et pratique du levé des plans et de l'arpentage, par H. Gougey (d'Andelot) ; 1 vol. grand in-8°, avec 8 planches renfermant 139 figures. **8** fr.

Plus d'insectes nuisibles à l'agriculture, *manière infaillible de les détruire* sans nuire à la végétation des arbres ou des plantes, par V. Gerin ; broch. in-8°. **1** fr.

Envoi franco contre mandats de poste.

Le Contrat social de l'avenir, suivi d'un *projet de constitution du peuple français*, par P.-Ch. Joubert et A. Sagnier ; 2e édit. (août 1871), broch. in-8o.   **50 c.**

L'homme de Prusse — *Guillaume et Bismarck dévoilés* — par Timon III ; 2e édit. (août 1871) ; broch. in-8o.   **50 c.**

Crimes, forfaits et atrocités *commis par les Prussiens sur le sol de la France,* par Némésis ; 2e édit. (août 1871) ; broch. in-8o.   **50 c.**

Les funérailles de la Commune *ordonnées par Delescluze,* écrites sous sa dictées par Némésis ; broch. in-8o.   **50 c.**

La Commune sanglante, ou le legs incendiaire, *Complément de l'homme de Sedan. — Histoire et tablettes du sang de la Commune de Paris. — L'Internationale,* par le comte Alfred de la Guéronnière ; 2e édition, 1 joli vol. in-12   **3 fr.**

Le même, édition d'amateur sur papier de Hollande.   **10 fr.**
        Ouvrage dédié par l'auteur à M. Thiers.

République ou Orléanisme, *examen des deux formes de gouvernement,* par Pierre Quantin ; 1 vol. in-12.   **1 fr.**

M. Georges Ville et ses engrais chimiques, *examen critique des conférences de Vincennes,* par Séverin Leroy ; 1 vol. in-12.   **1 fr.**

L'armée Française, *ce qu'elle a été, ce qu'elle devrait être ;* personnel, matériel, administration, par A. Bisson ; 1 volume in-8o **1 fr.**

Hygiène dentaire, *Conseils aux mères de famille, aux maîtres de pensions, etc.,* par E. Didier, chirurgien-dentiste, 1 petit vol. in-18.   **50 c.**

Le petit astronome, par Violette Vinot ; nouv. édit., 1 vol. in-18 sur joli texte, orné de 18 fig., cart.   **30 c.**

Manuel de l'agriculteur du Midi de la France et de l'Algérie, *petite maison rustique méridionale,* par A. Chaillot ; 4e édit., 1 vol. in-18.   **1 fr. 50**

Leçons pratiques de comptabilité commerciale, par Rollot, 2e édit. 1 vol. in-12.   **3 fr. 50**

Architecture rurale *théorique et pratique,* à l'usage des propriétaires et des ouvriers de la campagne, par A. J. M. de Saint-Félix ; 3e édit. ornée d'un bel atlas de 56 planches gravées, 1 fort vol. in-4o rel. **25 fr.**

Dictionnaire abrégé des phénomènes de l'atmosphère, *météorologie du cultivateur,* par le Marquis de Saint-Félix ; 1 vol. in-12 **1 fr.**

Dictionnaire abrégé des animaux utiles et nuisibles, à l'économie rurale et domestique, *zoologie du cultivateur,* par le même ; 1 vol. in-12.   **1 fr. 25**

chèques, timbres-poste, etc.

André SAGNIER, Libraire-Éditeur-Commissionnaire

L'Art de ramener la vie à bon marché, *de prévenir les inondations, et de créer des richesses incalculables,* par le docteur Henri Poupon ; 1 vol. in-8.   **5** fr.

> Ouvrage honoré de la souscription du gouvernement.

Catéchisme de droit public, contenant l'exposé, *par demandes et par réponses,* de la *Constitution politique, administrative et financière de la France,* par D. Millet, auteur de *l'A. B. C. des Contributions directes;* 1 petit volume in-12.   **75** c.

Prothèse du pauvre. — **Le Bras artificiel agricole,** nouvel appareil prothétique de force, à l'usage des amputés, cultivateurs, manouvriers, etc., par le Dr Gripouilleau ; 1 vol. in-8, avec planches.   **4** fr.

La Destruction des vers blancs par la jachère, deuxième étude, par Hecquet d'Orval ; broch. in-8.   **80** c.

L'Œuvre agricole de l'Empereur, par P. C. Dubost; broc. in-8.   **50** c.

Etudes sur les terrains agricoles de la Sologne, par Félix Masure ; 1 vol. grand in-8, **10** fr.; *franco.*   **11** fr.

Les Fleurs de pleine terre, comprenant la description et la culture des *Fleurs annuelles vivaces et bulbeuses de pleine terre,* par Vilmorin-Andrieux et Ce ; 3e édition, illustrée de 1,300 figures, 1 fort vol. in-12 de 1,600 pages, cart.   **12** fr.

Le même ouvrage, franco par poste.   **13** fr. **80**

> Reliure très-soignée, dos en maroquin et plats en toile, 1 fr. 75 en plus.

Annuaire du Ministère de l'agriculture et du commerce pour 1870 ; 1 vol. grand in-8.   **3** fr. **50**

Nouvelle organisation de l'instruction primaire, *comprenant l'enseignement agricole,* par Isnard de Belley ; broch. in-8.   **1** fr. **50**

Traité pratique d'arpentage, à l'usage des cours d'adultes et des écoles primaires, par J. Vogin ; 1 vol. in-12, orné de 313 figures dans le texte, et de 4 planches hors texte.   **8** fr.

> Nous croyons devoir recommander particulièrement à l'attention de MM. les Instituteurs, un *Traité pratique d'arpentage,* publié récemment par M. Vogin, maître-adjoint à l'Ecole normale de Vesoul. La bonne division de l'ouvrage, la brièveté de la partie purement théorique, le grand nombre d'applications usuelles, de planches qu'il renferme, le style clair et précis de l'auteur, le rendent précieux pour les classes d'adultes et les premières divisions des écoles primaires. — (*Bull. administr. de l'intr. prim. de la Haute-Saône.*)

Manuel du cultivateur, Traité élémentaire d'agriculture pratique à l'usage des écoles primaires, par Camille Planchard ; 5e édit., 1 vol. in-12, cart.   **1** fr. **50**

Du progrès des agglomérations urbaines *et de l'émigration rurale,* par M. Legoyt ; 1 vol. in-8.   **6** fr.

Envoi franco contre mandats de poste.

Conseils pratiques sur l'arboriculture fruitière, par JOURNIAC; 1 vol. in-12 avec fig. **3 fr.**

Tarif du cubage des bois équarris et ronds, évalués en stère et et fraction décimales du stère, par G. A. FRANCON; 1 vol. in-12. **3 fr.**

Manuel du service des recettes des postes, par EDMOND, SERRE; 1 fort vol. in-12, *franco.* **5 fr. 50**

La petite vérole, *histoire, symptômes, traitement et préservatifs*, par JULES MACÉ; broch. in-12 (juillet 1870). **50 c.**

Petit manuel de médecine vétérinaire, *à l'usage des cultivateurs*, 1 vol. in-12. (Sous presse).

Causeries agricoles d'un vieux cultivateur, par F. LAUJORROIS;
Tome I. — *Culture et machines*; 1 vol. in-12. **1 fr. 25**
Tome II. — *Animaux, laiterie, œnologie et recettes ménagères*; 1 vol. in-12. **1 fr. 25**

Études et essais sur les engrais, par GOUSSARD DE MAYOLLES; 1 beau volume grand in-8o jésus. — (*Sous presse.*) **6 fr.**

Histoire de l'Internationale, *son passé, son avenir*, par PIERRE QUANTIN; 1 vol. in-12. (*Sous presse*). **1 fr.**

Les Prussiens en France, *tablettes de la campagne de* 1870-1871, 1 vol. in-12. (*Sous presse*). **1 fr.**

L'art appliqué à la toilette des femmes, par D. MILLET; 1 vol. in-12 (*Sous presse*). **1 fr.**

Nouvelle comptabilité agricole *simplifiée*, par ED. VIANNE, directeur du *Journal d'agriculture progressive*; 1 volume in-12. (*Sous presse*). **1 fr. 25**

Guide pratique pour l'analyse des engrais *et des matières fertilisan'es*, par CH. MÈNE; 1 vol. in-12, avec figures. (*Sous presse*). **2 fr. 50**

Le coup d'État de Paris. — *La Commune et Versailles.* — Essai de psychologie politique, par ED. DOUAY; broc. in-8o **1 fr.**

Almanach de la ferme et des champs, *pour* 1872, par ED. VIANNE; 1 vol. in-18. (*sous presse*). **50 c.**

Le Président Bonjean, otage de la Commune. — *Douze visites à Mazas.* — Notes historiques publiées par CHARLES GUASCO; 1 vol. in-12 **2 fr.**
Ces notes, publiées dans le *Moniteur universel*, ont rencontré déjà l'accueil le plus sympathique.

L'Internationale et la guerre civile en France, par le comte ALFRED DE LA GUÉRONNIÈRE; 2e édition, broch. in-8o **50 c.**

chèques, timbres-poste, etc.

André SAGNIER, Libraire-Éditeur-Commissionnaire

Le siége de Paris 1870-1871. — *Documents officiels du* 19 *juillet* 1870 *au* 2 *avril* 1871, publiés par JULES LEMELLE; 2e édition, 1 volume in-8°   **3 fr.**

Les droits à l'avancement des officiers prisonniers de guerre, par GUSTAVE ROCA, officier démissionnaire; broch. in-8o   **50 c.**

Les places fortes et les camps retranchés, par H. DAVIGNON, capitaine d'état major; broch. in-8°   **50 c.**

Le crédit en France, par ROMUALD DEJERNON; 1 vol. in-12..   **1 fr.**

La Commune et l'Internationale, par LEMAINE, avocat et ex-secrétaire du comte de la Guéronniére; broch. in-8o   **50 c.**

L'association internationale des travailleurs. — *Compte rendu officiel du* Congrès général qui a eu lieu à Bruxelles du 6 au 30 septembre 1868 *(interdit en France sous l'Empire)* 1 vol. in-folio **1 fr. 50 c.**

Le Grand duché de Luxembourg et la Belgique (*balance entre la France et la Prusse,* par A. D'HOFFSCHMIDT; broch. in-8o   **1 fr.**

Études politiques sur le Royaume de Tunis, par le comte, ALPHONSE O'KELLY; 1 vol. grand in-8o sur papier vergé   **3 fr.**

Dialogue aux enfers entre Charles X et Louis-Philippe Ier, par UN CONTEMPORAIN; 1 vol. in-18   **50 c.**

République ou Orléanisme! *Examen critique des deux formes de gouvernement,* par PIERRE QUANTIN, 1 vol. in-12   **1 fr.**

Un Bouquet de Fleurs, *petites leçons de botanique* à l'usage des enfants et des jeunes filles, par Mme FANNY FAGUET, 1 vol. in-12 **1 fr. 25**

Envoi franco contre mandats de poste,

ENSEIGNEMENT AGRICOLE & HORTICOLE

Dans les écoles primaires, les fermes-écoles, les écoles
normales et professionnelles.

OUVRAGES ÉLÉMENTAIRES.

Catéchisme agricole, à l'usage des écoles rurales, augmenté de *notions de jardinage et d'arboriculture*, par MICHEL GREFF ; 14e édit., 1 vol. in-18 cart. **60 c.**

anuel du Cultivateur, *traité élémentaire d'agriculture pratique*, l'usage des écoles primaires, par CAMILLE PLANCHARD ; 5e édit· 1 ol. in-12, cart. **1 fr. 50 c.**

Cours d'agriculture théorique et pratique, à l'usage des écoles primaires et des plus simples cultivateurs, par EMILE JAMET ; 1 vol. in-12 de 400 pages, br. **3 fr. 50 c.**

Notions élémentaires d'agriculture, à l'usage des écoles primaires, rédigées sur le plan adopté par le Conseil académique de Bordeaux, par CHEVALIER ; 5e édit., 1 vol. in-18, cart. **60 c.**

Notions d'agriculture théorique et pratique, à l'usage des élèves des écoles rurales et des agriculteurs praticiens, par FÉLIX MASURE ; 1 vol. in-12, cart. **1 fr.**

Notions d'agriculture, à l'usage des écoles rurales et des campagnes, par K. GUILLEMOT ; nouv. édit. (1870), 1 vol. in-18 avec figures, cart. **70 c.**

Éléments d'agriculture pour les écoles rurales, par P. MEHEUST ; 1 vol. in-12 avec fig., cart. **1 fr. 50 c.**

Résumé d'agriculture pratique, *par demandes et réponses*, ou questionnaire agricole pour les écoles primaires, par J. BODIN ; 1 vol. in-18, cart. **70 c.**

Traité d'agriculture théorique et pratique à l'usage des écoles primaires, par C. LAURENÇON ; 2 volumes in-12 avec 44 figures, cart. **1 fr. 50 c,**

Cours d'agriculture pratique, publié sous la direction de A. YSABEAU:
Tome I. — **Premières connaissances agricoles** ; 1 vol. in-12 avec fig., br. ou cart. **1 fr. 50 c.**
Tome II. — **Végétaux cultivés** ; 1 vol. in-12 avec fig., br. ou cart. **1 fr. 50 c.**
Tome III. — **Animaux domestiques** ; 1 vol. in-12 avec fig., br. ou cart. **1 fr. 50 c.**

chèques, timbres-poste, etc.

Tome IV. — **Économie rurale**; 1 vol. in-12 avec fig., br. ou cart. **1 fr. 50 c.**

Le trésor du cultivateur, *Cours familier d'agriculture,* par Issartier père ; 1 fort vol. in-12, br. ou cart. **2 fr.**

Cours élémentaires d'horticulture, à l'usage des écoles rurales, par F. Boncenne :

Première année : *Organisation des végétaux. — Culture potagère. — Culture des fleurs ;* 3ᵉ édit., 1 vol. in-12, cart, **75 c.**

Deuxième année : *Organisation des végétaux ligneux.— Pépinières.— Multiplication. — Plantation. — Taille des arbres à fruit. — Culture de la vigne ;* 3ᵉ édit., 1 vol. in-12, cart. **75 c.**

L'agriculture enseignée par la grammaire, à l'usage des écoles rurales, par Mᵐᵉ J. Bodin ; 1 vol. in-12, cart. **75 c.**

Grammaire française raisonnée, *avec exemples agricoles,* par E. Douay, 1 vol. in-12, cart. **75 c.**

Arithmétique agricole, par Henri Fabre ; 1 vol. in-12, cart. **1 fr. 25 c.**
Arithmétique agricole, par Lefour et Brüll ; 1 v. in-12, cart. **75 c.**

Les promenades du jeudi, livre de lecture courante à l'usage des écoles de filles, par Mᵐᵉ Pinet ; 1 vol. in-12, cart. **1 fr.**

La bonne ménagère agricole, ou *simples notions d'économie rurale et d'économie domestique,* livre de lecture à l'usage des jeunes filles des écoles primaires, par L. E. Bérillon ; 4ᵉ édition, 1 vol. in-12 cart. **1 fr. 25 c.**

La fermière, *notions élémentaires d'économie domestique agricole,* par Michel Greff ; 5e édition, 1 vol. in-18, cart. **60 c.**

Conseils aux jeunes filles qui doivent devenir fermières, par J. Bodin ; 1 vol. in-18, cart. **60 c.**

Recueil de dictées, leçons et problèmes sur l'agriculture, rédigé conformément au programme officiel de l'enseignement agricole, par F. Astier :

Livre de l'élève, 1 vol. in-12, cart. **1 fr. 25 c.**
Livre du maître, 1 fort vol. in-12, cart. **2 fr.**

Lectures et dictées d'agriculture, revues et annotées, par G. Heuzé ; 1 vol. in-12, cart. **75 c.**

Lectures manuscrites *sur les premiers éléments de l'agriculture,* avec questionnaires, par MM. Pinet et Naudet 5ᵉ édition, 1 vol. in-12, cart. **80 c.**

L'école et la ferme, ou *une lecture par semaine sur les travaux de l'année agricole,* par MM. Michel Greff ; 5e édition, 1 vol. in-18, cart. **60 c.**

Les veillées de la ferme, *notions d'agriculture et d'hygiène rurale,* par Louis Fortoul ; 1 vol. in-18, cart.　　　　　　　　　**60 c.**

Les veillées de la ferme du Tourne-bride, entretiens sur l'agriculture , l'exploitation des produits agricoles et l'arboriculture , par P. Joigneaux ; 1 vol. in-12, avec figures, br. ou cart.　　**1 fr. 05 c.**

Les ravageurs, *entretiens de l'oncle Paul avec ses neveux sur les insectes nuisibles à l'agriculture,* par Henri Fabre ; 1 vol. in-12, avec fig. cart.　　　　　　　　　**1 fr. 20 c.**

Les auxiliaires, *entretiens sur les insectes utiles,* par le même ; 1 vol. in-12, avec fig. cart.　　　　　　　　　**1 fr. 20 c.**

Les serviteurs, *entretiens sur les animaux domestiques,* par le même ; 1 vol. in-12, avec fig., cart.　　　　　　　**1 fr. 20 c.**

Histoire du grand Jacquet, métayer, livre de lecture, par Méplain et Taisy ; 1 vol. in-12, avec fig., cart.　　　　　　**75 c.**

Paix aux animaux ! livre de lecture courante, par F. M. Sorel ; 1 vol. in-18, cart.　　　　　　　　　**25 c.**

Les veillées de Jean Rustique, *simples entretiens sur les animaux utiles et nuisibles,* par J. Pizetta ; 1 vol. in-12, avec figures, br. ou cart.　　　　　　　　　**1 fr. 50 c.**

Les oiseaux et les insectes, *causeries d'un instituteur avec ses élèves,* par Victor Henrion ; 1 vol. in-12, avec fig., cart.　　**1 fr. 25 c.**

Promenades dans les Champs, *visites à la ferme et à l'exploitation,* livre de lecture courante, par M. Franck ; 2e édition, 1 vol. in-12, cart.　　　　　　　　　**1 fr.**

Entretiens sur l'hygiène, *à l'usage des campagnes,* par le docteur Descieux ; 6e édition, 1 vol. in-12, br. ou cart.　　**1 fr. 25 c.**

Le petit livre de la santé et du bien-être, *notions pratiques d'hygiène de médecine et de pharmacie usuelles,* par Aug. Gaffard ; 1 vol. in-18 de 200 pages compactes, br.　　　　　　　**1 fr.**

La botanique au village, par S. Henry Berthoud ; 3e édition, 1 vol. in-12 avec fig., br. ou cart.　　　　　　**1 fr. 50 c.**

Bibliothèque de la science des campagnes, lectures agricoles et industrielles :

 Terres cultivables, *amendements et engrais,* par Baron.

 Défrichements, *irrigations et drainage,* par A. Ysabeau.

 Instruments agricoles, *labours, semailles, moissons,* par le même

 Plantes alimentaires *et plantes fourragères,* par le même.

 Comptabilité agricole *simplifiée,* par le même.

 Plantes industrielles, par le même.

 Les vignobles et les vergers, par Lauza.

 Vaches laitières, *bœufs et animaux d'attelage,* par Collot.

---

chèques, timbres-poste , etc.

Porcs, lapins, *oiseaux de basse-cour,* par A. YSABEAU.
Abeilles, *vers à soie et pisciculture,* par A. LAUZA.
Entretiens sur l'utilité des oiseaux, par CH. VIEL.
Culture des arbres fruitiers *à tout vent,* par le docteur HENRI
    ISSARTIER.
Industries se rattachant à l'agriculture, par A. YSABEAU.
Le jardin potager, *culture maraîchère,* par LE MÊME.
La botanique des écoles, par J. PIZETTA.
Petit code pratique du cultivateur, par A. YSABEAU.
L'astronomie vulvarisée *à l'usage des écoles et des campagnes,* par
    A. BOILLOT.
Éléments de météorologie, par LE MÊME.
    18 volumes in-18 cart., chacun   **60 c.**

L'école des engrais chimiques, *premières notions de l'emploi des*
    agents de fertilité, par GEORGES VILLE; 1 vol. in-12, br.   **1 fr.**
Simples notions sur l'achat des engrais commerciaux, exposé
    élémentaire des faits qu'il importe aux cultivateurs de ne pas ignorer,
    utilité des laboratoires de chimie agricole, par AD. BOPIERRE;
    1 vol. in-12, avec pl. color. hors texte et figures noires, br.   **2 fr.**
Petit cours de chimie agricole, par J. MALAGUTI, 1 vol. in-18; broché,
    1 fr. 25, cart.   **1 fr. 40 c.**
Chimie agricole, par HENRI FABRE; 1 vol. in-12, avec fig.   **1 fr. 20 c.**

Veillées d'un vieux répartiteur de campagne, *petit Code rural des*
    Contributions directes, par DESLIGNIÈRES et LAMBERT; 6e édit., 1 vol.
    in-12, relié.   **2 fr.**
Catéchisme de droit public, *par demandes et par réponses,* à l'usage
    des écoles et des cours d'adultes, par D. MILLET, auteur de l'*A B C des*
    Contributions directes; 1 vol. in-12, br.   **75 c.**
Les bons conseils de M. le Maire *sur la police rurale, le droit rural,*
    le droit usuel, par A. YSABEAU; 1 vol. in-12, br. ou cart.   **2 fr.**
Comptabilité agricole, par A. DUPERRON; 2 vol. in-4o obl. br.   **3 fr.**
Nouvelle comptabilité agricole *simplifiée,* par ED. VIANNE. (sous presse).
Les richesses de la France, *étude complète sur la situation agricole,*
    industrielle et commerciale de la France et de ses colonies (enseigne-
    ment secondaire spécial, 4e année), par E. KLEINE; 1 fort vol.
    in-12, br.   **3 fr.**

NOTA. — Notre librairie se charge de la propagation de tous les
ouvrages relatifs à l'enseignement agricole et horticole.

Envoi franco contre mandats de poste,

De l'engrais pour rien, sa production à la ferme. Les cultures toujours rémunératrices. De gros profits, par N. Delagarde; 1 vol. in-12.   **2 fr. 50**

La Campagne, *paysages et paysans*, par Eug. Noel; 1 vol. grand in-8°.   **3 fr. 50**

Nouvelles considérations sur les maladies des vers à soie et sur les épidémies en général, par Emm. Le Moyne; broch. in-8°.   **1 fr.**

Les appareils vinicoles dans le midi de la France, par le Dr L. de Martin; 1 petit vol. in-8°.   .   **2 fr.**

De la destruction de quelques insectes nuisibles à l'agriculture, par Ad. Bronsvick.   **30 c.**

Traité populaire des denrées alimentaires et de l'alimentation. Choix, falsification et conservation des denrées alimentaires, par J. Squillier; 1 vol. in-12.   **3 fr.**

Falsifications et autres défectuosités des principales substances médicamenteuses et alimentaires, par Norbert Gille; 1 vol. in-12.   **3 fr.**

Manuel populaire sur les soins à donner aux animaux appartenant aux races bovine, ovine et porcine, par Eug. Van Berchem; 1 petit vol. in-12.   **1 fr. 25**

Manuel populaire sur les soins à donner aux chevaux, ânes et mulets employés au travail dans les champs ou l'industrie, par Modeste Foelen; 1 petit vol. in-12.   **1 fr. 25**

La Revue agricole illustrée, guide du châtelain, par A. Leroy; 1 vol. in-4°.   **5 fr.**

Guide de la fabrication économique des engrais, par F. Rohart; 1 beau vol. in-8° (épuisé).   **15 fr.**

Guide pratique du fabricant de sucre, par N. Basset; 2 vol. in-8° (épuisé).   **30 fr.**

Cours d'agriculture à l'usage des écoles primaires, par J.-P. Pradelle; 1 vol. in-8°.   **3 fr.**

La Prairie, par L. Moll; broch. in-8°.   **1 fr. 25**

Encyclopédie pratique de l'agriculteur, par L. Moll et Eug. Gayot. Tomes I à XII (13e et dernier volume en préparation). Prix de chaque volume.   **7 fr. 50**

Le livre de la ferme et des maisons de campagne, publié sous la direction de P. Joigneaux; 2 vol. grand in-8, ornés de nombreuses gravures.   **32 fr.**

Almanach Gressent, essentiellement horticole, années 1868, 1869 et 1870. Prix de chaque vol.   **50 c.**

chèques, timbres-poste, etc.

SOUS PRESSE :

DIALOGUE AUX ENFERS

ENTRE

CHARLES X & LOUIS-PHILIPPE Ier

SUR LA

FRANCE DE 1871

PAR

UN CONTEMPORAIN

1 volume in-12

Châteauroux — Typographie A. Nuret.

BIBLIOTHEQUE NATIONALE

André SAGNIER, Éditeur

Carrefour de l'Odéon, 7, PARIS.

PUBLICATIONS NOUVELLES.

Le Coup d'État de Paris. — *La Commune et Versailles.* — Essais de psychologie politique, par EDM. DOUAY; 1 petit vol. in-12..   **1 fr.**

La Commune sanglante, ou le *legs incendiaire.* — Complément de *l'Homme de Sedan.* — *Histoire et tablettes du sang de la Commune de Paris.* — par le comte ALFRED DE LA GUÉRONNIÈRE; 2e édition, 1 joli vol. in-12..   **3 fr.**

Le même, édition d'amateur sur papier de Hollande...........   , **10 fr.**

Douze visites à Mazas. — **Le Président Bonjean** *ôtage de la Commune,* notes historiques sur sa captivité et sa mort, publiées par CHARLES GUASCO; 1 joli vol. in-12.................................   **2 fr.**

République ou Orléanisme! par PIERRE QUANTIN, 1 vol. in-12.   **1 fr.**

Le siége de Paris — **1870-1871,** documents officiels du 19 juillet 1870 au 2 avril 1871, publiés par JULES LEMELLE; 1 volume in-8o de 320 pages ....   **3 fr.**

L'Internationale et la guerre civile en France, par le comte ALFRED DE LA GUÉRONNIÈRE; 2e édition, broch. in 8o...............   **50 c.**

Le Contrat social de l'avenir, suivi d'un *projet de Constitution du peuple français,* par P.-CH. JOUBERT ET A. SAGNIER; 2e édition, broch. in-8o...   **50 c.**

La Commune et l'Internationale, par LEMAINE, avocat, ex-secrétaire du comte de la Guéronnière; broch. in-8o...................   **50 c.**

L'homme de Prusse. — *Guillaume et Bismark décoilés,* par TIMON III; 2e édition, broch. in-8o....................................   **50 c.**

Crimes, forfaits, *atrocités et viols,* commis par les *Prussiens* sur le sol de la *France,* par NÉMÉSIS; 2e édition, broch. in-8o........   **50 c.**

Pauvre Paris! Epître à M. THIERS; 2e édition, broch. in8o...   **50 c.**

Le Crédit en France, par ROMUALD DEJERNON; 1 vol. in-12..   **1 fr.**

L'Armée Française, *ce qu'elle a été, ce qu'elle devrait être :* personnel, matériel, administration, par A. BISSON; 1 vol. in-8o.......   **1 fr.**

Les places fortes et les camps retranchés, par H. DAVIGNON, capitaine d'état-major; broch. in-8o..............................   **50 c.**

Les droits à l'avancement des officiers prisonniers de guerre, par GUSTAVE ROCA, officier démissionnaire; broch. in-8o........   **50 c.**

M. Georges Ville et ses engrais chimiques, par SÉVERIN LEROY, cultivateur; 1 vol. in-12.................................   **1 fr.**

Le petit astronome, par VIOLETTE VINOT; 2e édition, 1 joli vol. in-18, orné de 19 figures...   **30 c.**

Hygiène dentaire, *conseils aux mères de famille, aux maîtres de pension,* etc., pour la dentition des enfants, par E. DIDIER, chirurgien-dentiste; 1 vol. in-18...............................   **50 c.**

Châteauroux, Typ. et Stéréotyp. A. NURET — 185.

# André SAGNIER, Éditeur

Carrefour de l'Odéon, 7, PARIS.

PUBLICATIONS NOUVELLES.

Le Coup d'État de Paris. — *La Commune et Versailles.* — Essais de psychologie politique, par EDM. DOUAY; 1 petit vol. in-12..   **1 fr.**

La Commune sanglante, ou le *legs incendiaire.* — Complément de *l'Homme de Sedan.* — *Histoire et tablettes du sang de la Commune de Paris.* — par le comte ALFRED DE LA GUÉRONNIÈRE; 2e édition, 1 joli vol. in-12.....................................   **3 fr.**

Le même, édition d'amateur sur papier de Hollande...........   **10 fr.**

Douze visites à Mazas. — **Le Président Bonjean** *ôtage de la Commune,* notes historiques sur sa captivité et sa mort, publiées par CHARLES GUASCO; 1 joli vol. in-12................................   **2 fr.**

République ou Orléanisme! par PIERRE QUANTIN, 1 vol. in-12.   **1 fr.**

Le siége de Paris — **1870-1871,** documents officiels du 19 juillet 1870 au 2 avril 1871, publiés par JULES LEMELLE; 1 volume in-8o de 320 pages ....   **3 fr.**

L'Internationale et la guerre civile en France, par le comte ALFRED DE LA GUÉRONNIÈRE; 2e édition, broch. in 8o...............   **50 c.**

Le Contrat social de l'avenir, suivi d'un *projet de Constitution du peuple français,* par P.-CH. JOUBERT ET A. SAGNIER; 2e édition, broch. in-8o...   **50 c.**

La Commune et l'Internationale, par LEMAINE, avocat, ex-secrétaire du comte de la Guéronnière; broch. in-8o...............   **50 c.**

L'homme de Prusse. — *Guillaume et Bismark dévoilés,* par TIMON III; 2e édition, broch. in-8o......................................   **50 c.**

Crimes, forfaits, *atrocités et viols,* commis par les *Prussiens* sur le sol de la *France,* par NÉMÉSIS; 2e édition, broch. in-8o.........   **50 c.**

Pauvre Paris! Épître à M. THIERS; 2e édition, broch. in8o...   **50 c.**

Le Crédit en France, par ROMUALD DEJERNON; 1 vol. in-12..   **1 fr.**

L'Armée Française, *ce qu'elle a été, ce qu'elle devrait être:* personnel, matériel, administration, par A. BISSON; 1 vol. in-8o.......   **1 fr.**

Les places fortes et les camps retranchés, par H. DAVIGNON, capitaine d'état-major; broch. in-8o...............................   **50 c.**

Les droits à l'avancement des officiers prisonniers de guerre, par GUSTAVE ROCA, officier démissionnaire; broch. in-8o........   **50 c.**

M. Georges Ville et ses engrais chimiques, par SÉVERIN LEROY, cultivateur; 1 vol. in-12....................................   **1 fr.**

Le petit astronome, par VIOLETTE VINOT; 2e édition, 1 joli vol. in-18, orné de 19 figures....................................   **30 c.**

Hygiène dentaire, *conseils aux mères de famille, aux maîtres de pension,* etc., pour la dentition des enfants, par E. DIDIER, chirurgien-dentiste; 1 vol. in-18................................   **50 c.**

Châteauroux, Typ. et Stéréotyp. A. NURET — 1851.

www.ingramcontent.com/pod-product-compliance
Lightning Source LLC
Chambersburg PA
CBHW071402030726
47594CB00002B/820